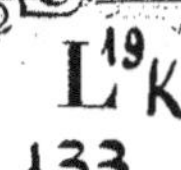

GOUVERNEMENT GÉNÉRAL DE L'ALGÉRIE

DÉPARTEMENT D'ORAN

BUDGET DÉPARTEMENTAL

DES

RECETTES ET DES DÉPENSES

EXERCICE 1883

ORAN

Imprimerie administrative et commerciale des Ouvriers Réunis, rue d'Orléans, 20.

1883

GOUVERNEMENT GÉNÉRAL DE L'ALGÉRIE

DÉPARTEMENT D'ORAN

BUDGET DÉPARTEMENTAL

DES

RECETTES ET DES DÉPENSES

EXERCICE 1883

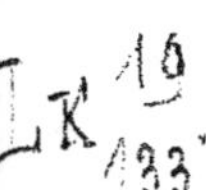

ORAN
Imprimerie administrative et commerciale des Ouvriers Réunis, rue d'Orléans, 20.

1883

TABLE DES MATIERES

BUDGET ORDINAIRE

BUDGET EXTRAORDINAIRE

BUDGET ORDINAIRE

RECETTES ET DÉPENSES DÉPARTEMENTALES ORDINAIRES

EXERCICE 1883

RECETTES DÉPARTEMENTALES ORDINAIRES

DÉSIGNATION DES RECETTES	SOMMES ALLOUÉES au budget de 1882 soit par le décret de règlement, soit par décisions modificatives	SOMMES votées par le Conseil général	RÈGLEMENT SOMMES ALLOUÉES	OBSERVATIONS
RECETTES DE 1883				
Art. 1er. — Part revenant au département sur les produits de l'impôt arabe.	1.700.000 »	1.600.000 »	1.600.000 »	
Art. 2. — Produits éventuels du budget ordinaire :				
1° Revenus des propriétés départementales. (*Décret du 23 septembre 1875, art. 58, § 4*):				
Loyers de terrains et de bâtiments...... 240 »				
Intérêts de capitaux et arrérages de rentes appartenant au département........				
Revenus de la pépinière départementale...				
Revenus d'établissements d'eaux minérales..	»	240 »	240 »	
Vente d'arbres abattus ou élagués......				
Vente de chevaux, taureaux, etc........				
Vente de cartes topographiques et de l'inventaire des archives.				
2° Produit des expéditions d'anciennes pièces ou d'actes de la préfecture déposés aux archives. (*Décret du 23 septembre 1875, art. 58, § 5*).......	70 »	70 »	70 «	
3° Produit des droits de péage et des autres droits concédés au département, (*Décret du 23 septembre 1875, art. 58. § 6*):				
Bacs et passages d'eau situés sur les routes départementales............				
Péages sur les routes départementales....				
Amendes pour contravention en matière de roulages. (*Décret du 3 novembre 1855*).. 2.000 »	2.100 »	2.400 »	2.400 »	
Amendes et confiscations affectées au service des enfants assistés. (*Arrêté du 25 floréal, an VIII, ordonnance du 30 décembre 1823 et loi du 5 mai 1869*).........				
Attributions sur amendes en matière de licences................ 400 »				
4° Subventions pour les dépenses du budget ordinaire :				
Subventions allouées sur les fonds de l'Etat. (*Décret du 23 septembre 1875, art. 58, § 7*)...............				
Subventions de l'Etat pour le service des enfants assistés. (*Loi du 5 mai 1869*).... 2.000 »				
Fondations, dons et legs spéciaux au profit des enfants assistés............. »			10.000 »	
Contingent des communes pour le même service............... 8.000 »				
Remboursement par les départements étrangers et les particuliers des frais d'entretien d'enfants admis à l'assistance départementale............. 100 »	18.975 »	20.320 »	»	Reporter au numéro 6.
Aliénés. { Contingent des communes... Contingent des familles.... } 5.810 »			5.810 »	
Enfants du premier âge. (*Loi du 23 décembre 1874*. { Subvention de l'Etat.. 575 » Remboursement par les départements.... 1.000 »			1.575 »	
Subvention pour logement des officiers de gendarmerie............... 2.835 »			2.835 »	
A reporter........	1.721.145 »	1.623.030 »	1.622.930 »	

DÉSIGNATION DES RECETTES	SOMMES ALLOUÉES au budget de 1882 soit par le décret de règlement, soit par décisions modificatives	SOMMES VOTÉES par le Conseil général	RÈGLEMENT SOMMES ALLOUÉES	OBSERVATIONS
Report..........	1.721.145 »	1.623.030 »	1.622.930 »	
5° Ressources éventuelles du service vicinal et des chemins de fer d'intérêt local :				
Chemins vicinaux de grande communication { Subvention de l'Etat . . . Contingents et offres des communes, souscriptions particulières, subventions industrielles, bacs et passages d'eau .				
Chemins vicinaux d'intérêt commun { Subvention de l'Etat . . . Contingents et offres des communes, souscriptions particulières, et subventions industrielles				
Chemins ordinaires { Subvention de l'Etat . . . Contingents et offres des communes, *(Loi spéciale du)*	172.413 »	232.834 »	232.834 »	
Contingents des communes pour les dépenses qui intéressent les trois catégories de chemins vicinaux . . . . .232.834 »				
Chemins de fer { Subvention de l'Etat . . . Contingents des communes . . . . Souscriptions particulières				
6° Remboursement d'avances :				
Remboursement des avances faites pour travaux d'intérêt public				
Retenues afférentes aux coupons des obligations départementales; droits de transferts, etc. *(Loi du 23 juin 1872)*.	»	»	»	
Remboursement des avances faites pour les enfants admis à l'assistance départementale.				
Reversements pour trop-payé sur les ressources ordinaires.			100 «	Reporté du numéro 4.
7° Remboursement de frais de transport d'indigents.	200 »	200 »	200 »	
8° Part contributive de l'Etat et des communes dans les dépenses d'entretien des vieillards et des incurables	50.000 »	50.000 »	50.000 »	
Total des recettes du Budget ordinaire. . . .	1.943.750 »	1.906.064 »	1.906.064 »	

DÉPENSES DÉPARTEMENTALES ORDINAIRES

DÉSIGNATION DES DÉPENSES	SOMMES ALLOUÉES au budget de 1882 soit par le décret de réglement, soit par décisions modificatives	SOMMES VOTÉES par le Conseil général	RÉGLEMENT SOMMES ALLOUÉES	OBSERVATIONS
SOUS-CHAPITRE 1er				
Dépenses Obligatoires (Décret du 23 septembre 1875, articles 60 et 61)				
Hôtel de Préfecture et de Sous-Préfectures.				
ART. 1er. — Entretien des bâtiments de l'hôtel et des bureaux de la Préfecture	4.000 »	4.000 »	4.000 »	
ART. 2. — Entretien des hôtels et des bureaux de sous-Préfectures, savoir : Arrondissement de Mostaganem. . . . . . 1.200 » ; id. de Tlemcen. . . . . 1.500 » ; id. de Mascara. . . . . 1.000 »	2.000 »	3.700 »	3.700 »	
ART. 3. — Loyer de l'hôtel et des bureaux de la Préfecture.	4.650 50	4.650 50	4.650 50	
ART. 4. — Loyer des hôtels et des bureaux des Sous-Préfectures de : Mascara . . . . 1.790 » ; Sidi-bel-Abbès. . . . . 3.001 »	7.206 50	4.791 »	4.791 »	
ART. 5. — Réparations locatives aux bâtiments de la Sous-Préfecture de : Mascara . . . . 500 » ; Sidi-bel-Abbès. . . . . 300 »	1.000 »	800 »	800 »	
Mobilier des hôtels de Préfecture et de Sous-Préfectures Bureaux civils du territoire de commandement				
Hôtel de Préfecture				
La valeur du mobilier de la Préfecture, reconnue par récolement d'inventaire, était au 1er janvier 1881 de . . . . 89.083 03) ; Alloué pour augmentation au budget de 1881. . . . . 3.961 45) 93.044 48 ; A déduire la valeur du mobilier réformé en 1881. . 3.304 50 ; Valeur au 31 décembre 1881 . . . . 89.739 98				
ART. 6. — { Acquisition. . . . .) Réparations extraordinaires. . . . . } Entretien . . . .)	5.500 »			
		4.450 »	4.500 »	4.500 »
Hôtel de Sous-Préfectures				

ARRONDISSEMENTS	VALEUR du mobilier au 31 décembre 1881	CRÉDITS votés pour entretien et acquisitions
Mostaganem	18.811 25	900
Tlemcen.	14.492 38	7 0
Mascara	14.042 91	10.700
Sidi-bel-Abbès.	15.228 00	750

DÉSIGNATION DES DÉPENSES	SOMMES ALLOUÉES au budget de 1882	SOMMES VOTÉES par le Conseil général	RÉGLEMENT SOMMES ALLOUÉES	OBSERVATIONS
ART. 7	2.350 »	13.050 »	13.050 »	
Bureau civil de la Division				
ART. 8 . . . . . 690 15 100 »	100 »	100 »	100 »	
Bureaux des Subdivisions				
A reporter.	25.757 »	35.591 50	35.591 50	

DÉSIGNATION DES DÉPENSES	SOMMES ALLOUÉES au budget de 1882 soit par le décret de règlement, soit par décisions modificatives	SOMMES VOTÉES par le Conseil général	RÈGLEMENT — SOMMES ALLOUÉES	OBSERVATIONS
Report	25.757 »	35.591 50	35.591 50	

Service départemental de l'Instruction publique

DÉSIGNATION DES DÉPENSES				
ʀᴛ. — Loyer et entretien du local nécessaire à la réunion du Conseil départemental d'instruction publique	»	»	»	
ʀᴛ. 9. — Loyer et entretien du bureau de l'inspecteur d'académie	1.200 50	1.200 50	1.200 50	
ʀᴛ. 9 2. — Mobilier du local affecté au service de l'instruction publique : Acquisitions . . . . . Réparations extraordinaires . . . . . Entretien	50 »	50 »	50 »	

Casernement ordinaire des brigades de gendarmerie

ʀᴛ. 10. — Entretien des casernes appartenant au département et situées dans les villes ou communes ci après ;

aint-Cloud .	300 »	
ourmel . . .	300 »	
n-el-Arba .	500 »	
aint-Louis. .	500 »	
rzew	300 »	
ostaganem (ville) . . .	1.000 »	
a Macta. . .	700 »	
in-Tédelès .	600 »	
in-Nouissy .	600 »	
emmorab.. .	800 »	
isserghin.. .	400 »	
g.	300 »	
kermann . .	600 »	
rrégaux . .	700 »	
elizane . . .	600 »	
ascara . . .	800 »	
ont-de-l'Isser	800 »	
emcen . . .	1.800 »	
emours . . .	400 »	
in—Témou—chent. . . .	600 »	
el-Abbès . .	8o0 »	
e-Barbe du Tlélat . . .	800 »	
reporter. .	14.200 »	

Report. . 14.200 »		
Mercier—La—combe . . .	800 »	
Lamoricière. .	300 »	
L'Hillil. . . .	300 »	
Tiaret	500 »	
Oued-el-Hammam	1.200 »	
Zelamta . . .	200 »	
Remchi. . . .	200 »	
Sebdou. . . .	200 »	
Ammi-Moussa	200 »	
Frendah . . .	200 »	
Cassaigne. . .	200 »	
Mers-el-Kébir.	200 »	
Oued-Imbert .	400 »	
Hennaya . . .	1.000 »	
Andalouses. .	300 »	
Renault. . . .	800 »	

DÉSIGNATION DES DÉPENSES				
(Art. 10)	19.900 »	21.200 »	21.200 »	
ʀᴛ. 11. — Loyer des casernes au nombre de 9	31.507 »	27.407 »	27.407 »	

Gendarmerie d'Oran :

aint-Antoine	14.000 »	
a Marine. .	2.400 »	
arguentah .	2.200 »	
GENDARMERIES		
e Saïda. . .	2.500 »	
e Bouguirat.	2.000 »	
A Reporter.	23.100 »	

Report . .	23.100 »	
GENDARMERIES		
de Oued-Taria	300 »	
de Sidi—Ali—ben-Youb. .	1.900 »	
de la Raouia .	600 »	
de Beni-Saf. .	1.500 »	
Timbres de quittances. .	7 »	
Tᴏᴛᴀʟ . . .	27.407 »	

DÉSIGNATION DES DÉPENSES	SOMMES ALLOUÉES	SOMMES VOTÉES	SOMMES ALLOUÉES	OBSERVATIONS
ʀᴛ. 12. — Réparations locatives aux casernes de gendarmerie	5.300 »	4.700 »	4.700 »	
ʀᴛ. 13. — Eclairage des casernes. Remplacement des drapeaux placés sur ces bâtiments	2.150 »	2.500 »	2.500 »	
ʀᴛ. 13 *bis*. — Indemnité de literie aux militaires admis dans la gendarmerie. (*Décret du 18 février 1863, avis du Conseil d'Etat du 11 mars 1875*)	»	»	»	
A Reporter	85.864 50	92.649 »	92.649 »	

DÉSIGNATION DES DÉPENSES		SOMMES ALLOUÉES au budget de 1882 soit par le décret de règlement, soit par décisions modificatives	SOMMES VOTÉES par le Conseil général	RÈGLEMENT — SOMMES ALLOUÉES	OBSERVATIONS
Report. . . .		85.864 50	92.649 »	92.649 »	
Cours d'assises, Tribunaux, Justices de paix					
Art. 14. — Entretien des bâtiments occupés par les tribunaux, savoir :					
Tribunal d'Oran	2.000 »				
id. de Mostaganem	800 «	2.600 »	4.800 »	4.800 »	
id. de Tlemcen	1.000 »				
id. de Mascara	1.000 «				
Art. 15. — Loyer des bâtiments occupés par les tribunaux :					
Tribunal d'Oran (2ᵉ chambre)	1.000 »				
id. de Mascara	1.125 »				
id. civil de Bel-Abbès	1.800 »				
id. de commerce d'Oran	3.200 »				
id. musulman de Ste-Barbe du Tlélat	450 »				
id. id. d'Aïn-Témouchent	360 »				
id. id. de Saint-Denis du Sig	270 »				
id. id. d'Aïn-Tédelès	216 »				
id. id. de Mazouna	300 »				
id. id. d'Aïn-Nouissy	180 »				
id. id. de Tlemcen	600 »				
id. id. de Lamoricière	180 »				
id. id. de l'Oued-Traria	200 »				
id. id. de Perrégaux	240 »				
id. id. de Relizane	200 »				
id. id. d'Hennaya	300 »	15.616 »	17.653 »	17.653 »	
id. id. de Mostaganem	400 »				
id. id. de Bouguirat	300 »				
id. id. de Cassaigne	180 »				
id. id. d'Aïn-el-Arba	240 »				
id. id. de Sidi-bel-Abbès	600 »				
id. id. de Sebdou	180 »				
id. id. de Zemmorah	180 »				
id. id. d'Ammi-Moussa	180 »				
id. id. de Sidi-Snoussi	180 »				
id. id. de Frendah	180 »				
id. id. de Tiaret	360 »				
id. id. de Haddad	180 »				
id. id. de Saïda	500 »				
id. id. de Beni-Riman	180 »				
id. id. de Nemours	180 »				
Timbres de quittances	12 »				
Art. 16. — Réparations locatives et éclairage des bâtiments :					
Tribunal civil d'Oran	300 »				
id. de Mostaganem	100 »				(1) Réparations locatives...
id. de Tlemcen	75 »	552 »	1.228 »	1.228 »	Éclairage..............
id. de Mascara	(1) 375 »				
id. de Bel-Abbès	(1) 375 »				Egal.....
Timbres de quittances	3 »				
A reporter. . . .		104.632 50	116.330 »	116.330 »	

DÉSIGNATION DES DÉPENSES	SOMMES ALLOUÉES au budget de 1882 soit par le décret de règlement, soit par décisions modificatives	SOMMES VOTÉES par le Conseil général	RÈGLEMENT	
			SOMMES ALLOUÉES	OBSERVATIONS
Report	104.632 50	116.330 »	116.330 »	
ART. 17. — Entretien du mobilier de la cour d'Assises et des tribunaux (non compris le greffe et ses accessoires) :				
Tribunal civil d'Oran . . . . 200 »				
id. de Mostaganem . . . . 150 »				
id. de Tlemcen . . . . 150 »				
id. de Mascara . . . . 150 »				
id. de Bel-Abbès . . . . 150 »				
id. de commerce d'Oran . . . . 100 »				
Pour 27 mahakmas à 50 francs chacune . . . 1.350 »	2.115 »	2.265 »	2.265 »	
Timbres de quittances . . . . 15 »				
ART. 18. — Achat de meubles pour le tribunal :				
d'Oran . . . . 600 »				
de Tlemcen . . . . 300 »				
de Mostaganem . . . . 6.300 »				
de Mascara . . . . 300 »				
de Sidi-bel-Abbès . . . . 300 »				
de Commerce d'Oran . . . . 100 »	1.605 »	7.905 »	7.905 »	
Timbres de quittances . . . . 5 »				
ART. 19. - Menues dépenses de la Cour d'Assises et des tribunaux :				
Cour d'assises d'Oran . . . . 500 »				
Tribunal civil d'Oran { 1° Siège . . . . 1.300 »				
2° Parquet, y compris 150 francs pour frais d'assistance judiciaire . . . . 1.600 »				
Tribunal de commerce d'Oran . . . . 200 »				
Tribunal civil de Mostaganem { 1° Siège . . . . 600 »				
2° Parquet, y compris 150 francs pour frais d'assistance judiciaire . . . . 1.400 »				
Tribunal civil de Tlemcen { 1° Siège . . . . 600 »				
2° Parquet, y compris 150 francs pour frais d'assistance judiciaire . . . . 1.400 »	9.408 »	11.610 »	11.610 »	
Tribunal civil de Mascara { 1° Siège . . . . 600 »				
2° Parquet, y compris 150 francs pour frais d'assistance judiciaire . . . . 1.400 »				
Tribunal civil de Bel Abbès { 1° Siège . . . . 600 »				
2° Parquet, y compris 150 francs pour frais d'assistance judiciaire . . . . 1.400 »				
Timbres de quittances . . . . 10 »				
A reporter . . .	117.760 50	138.110 »	138.110 »	

DÉSIGNATION DES DÉPENSES	SOMMES ALLOUÉES au budget de 1882 soit par le décret de règlement, soit par décisions modificatives	SOMMES votées par le Conseil général	RÈGLEMENT — SOMMES ALLOUÉES	OBSERVATIONS
Report	117.760 50	138.110 »	138.110 »	

ART. 20. — Rétributions des concierges et chaouchs des tribunaux :

Tribunal civil d'Oran, 1 concierge. .	1.000	»
id. id. 3 chaouchs. .	2.700	»
Tribunal de commerce d'Oran 1 concierge	800	»
id. id 1 chaouch. .	800	»
id. civil de Mostaganem, 1 concierge	800	»
id. id. 1 chaouch . .	800	»
Tribunal civil de Tlemcen 1 concierge	800	»
id. id 1 chaouch	800	»
id. de Mascara 1 concierge	800	»
id. id. 1 chaouch.	800	»
id. de Bel-Abbès 1 concierge	800	»
id. id. 1 chaouch	800	»

Pour cet article : **9.245 »** — **11.715 »** — **11.715 »**

Timbres de quittances. . . . . 15 »

ART. 21. — Menues dépenses des justices de paix :

Oran.	100	»	*Report* 2.150	»	
Mostaganem .	100	»			
Mascara . . .	100	»	Cassaigne . .	125	»
Tlemcen . . .	125	»	Daya.	125	»
Saint-Denis du			Zemmorah . .	125	»
Sig.	150	»	Frendah . . .	125	»
Saint-Cloud. .	125	»	Palikao. . . .	125	»
Sidi-bel-Abbès	100	»	Remchi. . . .	125	»
Tiaret	125	»	Ammi-Moussa	125	»
Ain—Témou—			Ain-el-Arba .	125	»
chent. . . .	150	»	Lourmel . . .	125	»
Relizane . . .	150	»	Boukanéfis. .	125	»
Saïda.	150	»	Mercier—La—		
Tlélat	125	»	combe . . .	125	»
Pérrégaux . .	150	»			
Inkermann . .	125	»			
Nemours. . .	125	»			
Lamoricière .	125	»	Timbres de		
Sebdou. . . .	125	»	quittances .	25	»
A reporter 2.150 »			TOTAL. . . 3 550 »		

Pour cet article : **2.770 »** — **3.550 »** — **3.550 »**

ART. 22. — Rétributions des chaouchs des justices de paix :

Oran.	600	»	*Report.* . 9.600	»	
Mostaganem .	600	»			
Mascara . . .	600	»	Lamoricière .	600	»
Tlemcen . . .	600	»	Cassaigne . .	600	»
St-Denis du Sig	600	»	Sebdou. . . .	600	»
Saint-Cloud. .	600	»	Frendah . . .	600	»
Sidi-bel-Abbès	600	»	Palikao. . . .	600	»
Tiaret	600	»	Remchi. . . .	600	»
Ain—Témou—			Ammi-Moussa	600	»
chent. . . .	600	»	Ain-el-Arba .	600	»
Zemorah . . .	600	»	Lourmel . . .	600	»
Relizane . . .	600	»	Boukanéfis. .	600	»
Saïda	600	»	Mercier—La—		
Tlélat. . . .	600	»	combe . . .	600	»
Pérrégaux . .	600	»			
Inkermann . .	600	»			
Nemours. . .	600	»			
A reporter 9.600 »			Timbres de quittance 30	»	

Pour cet article : **10.825 50** — **16.230 »** — **16.230 »**

A reporter.	140.571 »	169.605 »	169.605 »

DÉSIGNATION DES DÉPENSES	SOMMES ALLOUÉES au budget de 1882 soit par le décret de règlement, soit par decisions modificatives	SOMMES VOTÉES par le Conseil général	RÈGLEMENT	
			SOMMES ALLOUÉES	OBSERVATIONS
Report.	140.571 »	169.605 »	169.605 »	
Frais d'impressions				
Art. 23. — Frais d'impression et de publication des listes pour les élections consulaires . . . . Frais d'impression des cadres pour la formation des listes électorales et des listes du jury.	1.800 »	800 »	800 »	
Total du Sous-chapitre 1er	142.371 »	170.405 »	170.405 »	

SOUS-CHAPITRE II

Propriétés départementales immobilières

Travaux, acquisitions, échanges, etc.

Art. 1er. — Réparations aux bâtiments de   . . . . .
Montant du projet . . . .
Montant du devis supplémentaire . . . . . .

L'adjudication passée le   a réduit la dé-
pense à. . . . .
Il a été payé antérieurement à 18   . . . . .
Il a été alloué au budget de 18   . . . . . .

Reste à créditer . . . .

On propose d'allouer au budget. . . . . . .

Art. 2. — Entretien des bâtiments des prisons :				
Prison civile d'Oran. . . . . 1.500 » id. de Tlemcen . . . . 1.000 » id. de Mascara. . . . . 1.000 » id. de Bel-Abbès. . . . . 700 » id. de Tiaret. . . . . 700 » id. de Mostaganem. . . . . 1.500 » id. du Sig. . . . . 300 » id. de Nemours . . . . 200 » id. de Saïda. . . . . 200 » id. d'Aïn-Témouchent . . . . . . 200 » id. de Relizane. . . . . 200 » id. d'Inkermann . . . . 200 »	3.900 »	7.700 »	7.700 »	
A reporter.	3.900 »	7.700 »	7.700 »	

DÉSIGNATION DES DÉPENSES	SOMMES ALLOUÉES au budget de 1882 soit par le décret de règlement, soit par décisions modificatives	SOMMES VOTÉES par le Conseil général	RÈGLEMENT	
			SOMMES ALLOUÉES	OBSERVATIONS
Report..........	3.900 »	7.700 »	7.700 »	
ART. 3. — Réparations locatives aux bâtiments des prisons :				
Prison civile d'Aïn-Témouchent. . . . . . 200 »	200 »	500 »	500 «	
id. de Zemmorah . . . . 300 »				
ART. 4. — Entretien des bâtiments de l'orphelinat des filles de Misserghin.	1.500 »	1.500 »	1.500 »	
ART. 5. — Construction d'un hôtel de préfecture à Oran. . . .	»	»	»	
ART. 6.— Constructions et grosses réparations à divers bâtiments: Grosses réparations à exécuter :				
Tribunal civil de Tlemcen. . . . . 19.000 »	7.500 »	46.600 »	46.600 »	
Gendarmerie de Misserghin . . . . 600 »				
id. de Pont-de-l'Isser. . . . . . 1.000 »				
id. de Mers-el-Kébir. . . . . . . 1.000 »				
id. de Saint-Louis. . . . . 25.000 »				
ART. 7. — Indemnité de 5 0/0 aux agents de la voirie chargés des bâtiments.	3.041 57	3.154 07	3.153 07	
ART. — Etablissement thermal d appartenant au département.				
ART. — Pépinière départementale.				
ART. 8. — Assurances des bâtiments départementaux contre les risques de l'incendie.	2.500 »	2.500 »	2.500 »	
ART. — Contributions dues pour les propriétés du département				
ART. 9. — Chauffage et éclairage du corps de garde de la préfecture	300 »	300 »	300 ·	
ART. 10 — Frais d'illumination des édifices, les jours de fêtes publiques	5.000 »	5.000 »	5.000 »	
ART. 11 — Gages des concierges de préfecture et sous-préfectures	3.640 »	4.840 »	4.840 »	
ART. 12. — Gages du jardinier de la préfecture et achats divers	1.081 50	1.081 50	(1) 1.081 50	(1) Y compris les timbres quittances.
ART. 13. Eclairage de la loge du concierge, des galeries et des couloirs de la préfecture	600 »	600 »	600 »	
Total du sous-chapitre II. . . .	29.233 07	73.745 57	73.745 57	

DÉSIGNATION DES DÉPENSES	SOMMES ALLOUÉS au budget de 1882 soit par le décret de règlement, soit par décisions modificatives	SOMMES VOTÉES par le Conseil général	RÈGLEMENT	
			SOMMES ALLOUÉES	OBSERVATIONS

SOUS-CHAPITRE III

Routes départementales

§ 1ᵉʳ. — ENTRETIEN

longueur totale des routes départementales dont le classement a été prononcé par décrets ou ordonnances, ou par délibérations du Conseil général, est de . . . . . 57.500　»

longueur des routes arrivées à l'état d'entretien, au 31 décembre 1881, était de . . . . 46.500　»

a été ou sera construit dans la campagne de 1882, en routes neuves. . . . .　»　»

longueur des routes départementales à l'état d'entretien, au 1ᵉʳ janvier 1883, sera de . . . . 46.500　»

est demandé, pour l'entretien de ces routes en 1883, une somme de 50,000 francs, répartie conformément au cadre ci-après :

des routes	DÉSIGNATION de chaque route conforme à l'ordonnance au décret ou à la délibération qui en a prononcé	Longueur totale en mètres	Longueur à l'état d'entretien	Longueur en construction	Longueur en lacune	ÉVALUATION de la dépense de l'année	
						Travaux à forfait (A)	Entretien (B)
1	Mostaganem à Mascara	57.500	46.500	10.200	800	25.000	20.000

Entretien et réparations ordinaires de chaque route et des ouvrages d'art qui en font partie.

Entretien entre Perrégaux et Oued-el-Hammam.

. CONSTRUCTIONS, GROSSES RÉPARATIONS, TRAVAUX NEUFS, AMÉLIORATIONS DES ROUTES DÉPARTEMENTALES

nniés pour dépossessions d'immeubles ; indemnités aux
ingénieurs et conducteurs,
personnel des conducteurs et agents secondaires

Il convient d'indiquer dans cette colonne, pour chaque route, le montant des subventions communales ou particulières qu'elles auraient obtenues, afin d'établir la concordance avec ses mêmes subventions portées en recette, à la page 4 : une accolade réunira ces subventions au vote départemental pour chaque route, afin de ne faire sortir qu'un chiffre dans les autres colonnes.
(Donner la situation des travaux adjugés, des indemnités de terrains à payer, des crédits ouverts et de ceux qui restent à ouvrir dans la forme des articles du sous-chapitre II.)

. — Réserve pour travaux imprévus . . . .

. — Traitements, salaires et frais de déplacement des conducteurs et autres agents attachés au service des routes départementales . . . .

	SOMMES ALLOUÉS	SOMMES VOTÉES	SOMMES ALLOUÉES	
Entretien	50.000　»	54.500　»	54.500　»	
À reporter........	50.000　»	54.500　»	54.500　»	

DÉSIGNATION DES DÉPENSES	SOMMES ALLOUÉES au budget de 1882 soit par le décret de règlement, soit par décisions modificatives	SOMMES VOTÉES par le Conseil général	RÈGLEMENT	
			SOMMES ALLOUÉES	OBSERVATIONS
Report. . . .	50.000 »	54.500 »	54.500 »	
ART. . — Dépenses diverses :				
1° Loyers de bâtiments ou terrains, secours à des ouvriers blessés. .	»	»	»	
2° Frais de levé de plans, d'expertise et de recherche de matériaux				
NOTA. — Cet article ne doit servir qu'aux dépenses qui y sont désignées. Chaque article de crédit, par route (et par pont ou autre ouvrage d'art lorsqu'il est crédité spécialement), reçoit l'imputation de toutes les autres dépenses, savoir : les travaux, les acquisitions, les indemnités de terrain, les frais accessoires et salaires des cantonniers et ouvriers supplémentaires lorsqu'il y a lieu.				
ART. . — Indemnités proportionnelles à accorder aux ingénieurs des ponts et chaussées				
ART. . — Indemnités extraordinaires pour les ingénieurs et conducteurs.				
ART. . — Frais de poursuites pour contraventions en matière de roulage sur les routes départementales. *(Décret du 3 novembre 1855).*				
Total du sous-chapitre III.	50.000 »	54.500 »	54.500 »	

SOUS-CHAPITRE IV

Chemins vicinaux, chemins de fer d'intérêt local

§ 1er. — CHEMINS VICINAUX

Il est demandé, pour ce service, en 1883, une somme
de . . . . 528.874 »
savoir :

Sur le produit des centimes spéciaux. . . . . . » »
Sur les ressources éventuelles de la vicinalité . 173.874 »
Sur les autres ressources du budget ordinaire . 355.000 »

TOTAL. . . . . . 528.874 »

Chemins de grande communication

La longueur des chemins de grande communication
est de. 1.645.680ᵐ

Au 31 décembre 1881, la longueur parvenue à l'état
d'entretien, était de . . . . 500.100 »
Il a été ou sera construit en 1882. . . . . 67.425 »

La longueur des chemins de grande communication
à l'état d'entretien, au 1er janvier 1883, sera de . . 567.525ᵐ

Il est demandé pour les travaux de ces lignes une
somme de 528.874ᶜ
répartie conformément au cadre ci-après :

Nᵒˢ des Chemins	DÉSIGNATION des chemins	Sur la subvention du département		Sur la subvention de l'Etat		Contingents communaux, souscriptions, etc.		TOTAL		SOMMES ALLOUÉES au budget de 1882 soit par le décret de règlement, soit par décisions modificatives	SOMMES VOTÉES par le Conseil général	RÈGLEMENT — SOMMES ALLOUÉES	OBSERVATIONS
		Entretien	Trav. neufs	entretien	Trav. neufs	Entretien	Trav. neufs	Entr-tien	Trav. neufs				
1	Relizane à Tiaret . .	83.000	»	»	»	20.426	»	108.425	»				
2	Mascara à Tiaret . .	28.500	»	»	»	21.500	»	51.000	»				
3	Bel-Abbès à Daya . .	23.000	»	»	»	4.000	»	27.000	»				
4	Tlemcen à Sebdou .	42.000	»	»	»	8.355	»	50.355	»				
5	Marnia à Nemours .	32.000	»	»	»	5.665	»	37.665	»				
6	D'Arzew au Sig. . .	10.000	»	»	»	3.735	»	13.735	»				
7	Du Sig à Perrégaux .	17.000	»	»	»	2.700	»	19.700	»				
8	Mostaganem à Pont-du-Chélif	29.500	»	»	»	4.493	»	33.903	»				
9	D'Assi-Ameur au Sig	10.000	»	»	»	1.819	»	11.819	»				
10	Ceinture de la M'léta.	20.000	»	»	»	5.061	»	25.061	»				
11	Inkermann à Ammi-Moussa.	3.000	»	»	»	20.232	»	23.232	»				
12	Ammi-Moussa à Tiaret	5.000	»	»	»	»	»	5.000	»				
13	Tlélat à Bel-Abbès .	37.000	»	»	»	7.200	»	44.200	»				
14	Trembles au Sig . .	18.000	»	»	»	2.629	»	20.629	»				
15	Arzew au Tlélat. . .	1.000	»	»	»	2.172	»	3.172	»				
16	Lamoricière à Pont-de-l'Isser.	3.000	»	»	»	6.755	»	9.755	»				
17	Perrégaux à Bouguirat par El-Romri .	5.000	»	»	»	14.003	»	19.003	»				
18	Bel-Abbès à la mer par Aïn - Témouchent.	6.000	»	»	»	6.817	»	12.817	»	478.453	591.874	591.874	»
19	Mers-el-Kébir à Aïn-el-Turck longeant la mer	»	»	»	»	»	»	»	»				
20	Mostaganem au quai d'embarquement .	»	»	»	»	500	»	500	»				
21	Mascara à Tiaret par Fortassa et Togdempt	10.000	»	»	»	11.028	»	21.028	»				
22	L'Hillil à Cacherou par El-Bordj (entre l'Hillil et El-Kalâa)	1.000	»	»	»	2.712	»	3.712	»				
23	Tiaret à Teniet . . .	1.000	»	»	»	1.200	»	2.200	»				
24	Fortassa à Relizane .	»	»	»	»	»	»	»	»				
25	Bel—Abbès à Hammam-bou-Hadjar .	5.000	»	»	»	3.886	»	8.886	»				
26	Perrégaux à la Macta	»	»	»	»	1.700	»	1.700	»				
27	Tlemcen à Nédromah par les Traras. . .	»	»	»	»	»	»	»	»				
28	Sig à Mostaganem par Mocta-Douz. .	»	»	»	«	478	»	473	»				
29	Mercier—Lacombe à Oued-el-Hammam.	»	»	»	»	796	»	796	»				
30	La Stidia à Aïn-Tédelés	14.000	»	»	»	3.604	»	17.604	»				
31	Bel-Abbès au Sig par Oued-Imbert . . .	»	»	»	»	1.206	»	1.296	»				
32	Zemmorah à Ammi-Moussa.	»	»	»	»	8.190	»	8.190	»				
33	Ben-Youb au Telagh	9.000	»	»	»	1.000	»	10.000	»				
	Totaux . . .	418.000	»	»	»	173.831	»	591.874	»				

Chemins d'intérêt commun

La longueur des chemins d'intérêt commun classés par le Conseil général est de. . . . . 510.365 »

Au 31 décembre 1881, la longueur parvenue à l'état d'entretien était de. . . . . 143.400 »

Il a été ou il sera construit en 1882. . . . . . . 34.650 »

La longueur des chemins d'intérêt commun, au 1ᵉʳ janvier 1883, sera de . . . . 178.050 »

Il est demandé pour les travaux de ces lignes une somme de. . . . . 168.960 » répartie conformément au cadre ci-après :

	SOMMES ALLOUÉES au budget de 1882	SOMMES VOTÉES par le Conseil général	RÈGLEMENT — SOMMES ALLOUÉES
A reporter . .	478.153 »	591.874 »	591.874 »

DÉSIGNATION DES DÉPENSES	SOMMES ALLOUÉES au budget de 1882 soit par le décret de règlement, soit par décisions modificatives	SOMMES VOTÉES par le Conseil général	RÈGLEMENT SOMMES ALLOUÉES	OBSERVATIONS
Report....	478.153 »	591.874 »	591.874 »	

N° des Articles	N° des Chemins	DÉSIGNATION des CHEMINS	Sur la subvention du département Entretien	Trav. neufs	Sur la subvention de l'Etat entretien	Trav. neufs	Contingents communaux, souscriptions, etc. Entretien	Trav. neufs	TOTAL Entretien	Trav. neufs			
Art. 2	1	Mers-el-Kébir à Bou-Tlélis par El-Ansor	12.000	»	»	»	3.295	»	15.295	»			
	2	Sig à Perrégaux...	5.000	»	»	»	1.721	»	6.721	»			
	3	Bel-Abbés à Magenta	40.000	»	»	»	2.109	»	42.109	»			
	4	Aïn-Tédelès à Sourk-el-Mitou.....	2.000	»	»	»	1.069	»	3.069	»			
	5	Saint-Cloud à Oran par Arcole....	3.000	»	»	6	5.461	»	8.461	»			
	6	La Sénia à upsserghiu.....	13.000	»	»	»	2.044	»	15.044	»			
	7	Aïn-Beïda à Aïn-el-Arba.....	5.000	»	»	»	1.735	»	6.735	»			
	8	Oran au Tiélat par Sidi-Chami....	10.000	»	»	»	6.121	»	16.121	»			
	9	Touuin à Pont-du-Chélif.......	2.000	»	»	»	1.113	»	3.113	»	190.310 »	186.960 »	186.960 »
	10	Cacherou à Tiersville par Matemore...	7.000	»	»	»	1.800	»	8.800	»			
	11	Sidi-Brahim à Mercier-Lacombe...	2.000	»	»	»	1.305	»	3.305	»			
	12	Hennaya à Nédromah	»	»	»	»	2.573	»	2.573	»			
	13	Tlemcen à Beni-Saf.	15.000	»	»	»	6.500	»	21.500	»			
	14	Bel-Abbés à Bou-Kanéfis.....	1.000	»	»	»	2.711	»	3.711	»			
	15	Mostaganem à Relizane.....	2.000	»	»	»	1.806	»	3.806	»			
	16	Ben-Ferréah à la route d'Arzew....	5.000	»	»	»	247	»	5.247	»			
	17	Pont-du-Chélif à Cassaigne	»	»	»	»	17.350	»	17.350	»			
	18	Pont-du-Chélif à Inkermann	4.000	»	»	»	»	»	4.000	»			
		TOTAUX....	28.000	»	»	»	58.960	»	186.960	»			

ART.   . — Subventions pour les travaux de chemins ordinaires:
    Réseau subventionné en vertu de la loi du 11 juillet 1868..
    Réseau non subventionné ....
ART.   . — Subvention aux communes pour le remboursement d'emprunts contractés à la caisse des chemins vicinaux........
ART.   . — Réserves pour travaux imprévus...........
ART. 3. — Traitement des agents voyers.

SAVOIR :	Traitement normal	Accessoires de traitement	TOTAL			
1 Agent voyer en chef de 1re classe...	8.000 f	8.000 »	16.000 »			
1 id. inspecteur de 1re classe..	5.000 »	3.000 »	8.000 »			
1 id. principal de 1re id...	4.500 »	»	4.500 »			
2 id. ordinaires de 1re id...	7.200 »	1.800 »	9.000 »			
1 id id. 2e id...	3.300 »	900 »	4.200 »			
2 id. id. 3e id...	6.000 »	1.800 »	7.800 »			
4 id. id. 5e id...	9.600 »	2.800 »	12.400 »			
1 id. comptable de 3e classe..	2.400 »	»	2.400 »	68.560 »	68.660 »	68.660 »
1 id. auxiliaire.........	2.400 »	»	2.400 »			
1 garçon de bureau.........	960 »	»	960 »			
1 agent voyer architecte (indemnité)..	1.006 »	»	1.000 »			
TOTAUX....	50.360 »	18.300 »	68.660 »			

A reporter...	737.023 »	847.494 »	847.494 »

DÉSIGNATION DES DÉPENSES	SOMMES ALLOUÉES au budget de 1882 soit par le décret de règlement soit par décisions modificatives	SOMMES VOTÉES par le Conseil général	RÈGLEMENT	
			SOMMES ALLOUÉES	OBSERVATIONS
Report.	737.023 »	847.494 »	847.494 »	
ART. . — Frais de poursuites pour contraventions en matières de roulage sur les chemins vicinaux. *(Décret du 3 novembre 1855).* .				
ART. 4. — Dépenses diverses, recherche de matériaux, etc.	6.000 »	6.000 »	6.000 »	
ART. 5. — Indemnités aux agents-voyers pour frais de chaouchs chargés des courses de service	4.210 80	4.210 80	4.210 80	
ART. . — Dépenses des chemins ordinaires imputables sur les contingents communaux. Loi spéciale du				
ART. . — Dépenses d'intérêt collectif imputables sur les contingents communaux pour le service des trois catégories de lignes vicinales				

§ 2. Chemins de fer d'intérêt local

(Décret du 7 mai 1874)

Articles non reproduits				
Total du sous-chapitre IV. . .	747.233 80	857.704 80	857.704 80	

SOUS-CHAPITRE V

Enfants assistés

(Loi du 5 mai 1869)

DÉSIGNATION DES DÉPENSES	SOMMES ALLOUÉES	SOMMES VOTÉES	SOMMES ALLOUÉES	OBSERVATIONS
ARTICLE PREMIER. — Dépense du service intérieur (1)				(1) Y compris 1/5 à la charge de l'État (art. 5. § 5).
Nourrices sédentaires. . . . . 300 »				
Layettes pour un nombre moyen de 20 enfants. . . . . 500 »				
Frais de séjour à l'hospice dépositaire pour un nombre moyen de 3 enfants au-dessous de 12 ans . . . . 1.350 »	4.650 »	4.650 »	4.650 »	
Id. enfants de 12 à 21 ans. . . .				
Frais de traitement dans les hôpitaux . . . 2.500 »				
ART. 2. — Dépenses du service extérieur, savoir : (1)				(1) Y compris 1/5 à la charge des communes.
Orphelinats . . . . 16.000 »				
Secours temporaires aux filles mères et aux familles indigentes . . . . 40.800 »				
Frais d'allaitement . . . . 10.000 »				
Primes d'encouragement aux enfants assistés qui se sont distingués par leur conduite et par leurs progrès . . . . 1.500 »	61.750 »	70.000 »	70.000 »	
Transport et conduite des enfants entrant à l'hospice dépositaire ou en sortant pour être placés . 200				
Dots de jeunes filles à marier . . . . . . 200 »				
Vêtures fournies par l'hôpital aux orphelins. . . 1.000 »				
Imprimés et registres . . . . 300 »				
ART. 3. — Somme mise à la disposition du Préfet pour achat de 10 livrets de caisse d'épargne pour cinq garçons et cinq filles	100 »	100 »	100 »	
ART. 4. — Service de l'inspection { Un commis . . . 2.401 50 / Frais de tournées de l'Inspecteur. 501 50 }	2.903 »	2.903 »	2.903 »	
ART. 5. — Indemnité au chef de bureau de comptabilité f^{nt} de régisseur comptables des enfants assistés, etc.	601 50	601 50	601 50	
Total du sous-chapitre V. . .	70.004 50	78.254 50	78.254 50	

DÉSIGNATION DES DÉPENSES	SOMMES allouées au budget de 1882 soit par le décret de règlement, soit par décisions modificatives	SOMMES votées par le Conseil général	RÈGLEMENT	
			SOMMES allouées	OBSERVATIONS
SOUS-CHAPITRE VI				
Aliénés				
ARTICLE PREMIER. — Dépenses pour un nombre moyen de 100 aliénés des deux sexes, et à raison de 456 fr. 25 pour la pension annuelle de chaque aliéné . . . . 45.625 »				
Frais de transport et de nourriture en route des aliénés indigents qui appartiennent au département 4.375 »	47.625 »	50.000 »	50.000 »	
Frais d'inspection et de surveillance des aliénés placés au compte du département				
Total du Sous-Chapitre VI . . .	47.625 »	50.000 »	50.000 »	
SOUS-CHAPITRE VII				
Assistance publique				
ARTICLE PREMIER. — Secours de routes et frais de transport pour les voyageurs indigents.	3.000 »	1.500 »	1.500 »	
ART. 2. — Indemnité pour la propagation ou la conservation de la vaccine. (*Arrêté ministériel du 6 janvier 1859*). . . .	10.301 50	15.301 50	15.301 50	Y compris 301 fr. 59 pour l'indemnité allouée au conservateur vaccin.
ART. . — Secours aux sociétés maternelles	» »	» »	» »	
ART. 3. — Protection des enfants du premier âge. (*Loi du 23 décembre 1874.*)	1.500 »	1.500 »	(1) 1.500 »	(1) Confection et achat de registres et d'imprimés. . . . . 1.[...]
ART. . — Etablissement de crèches.	»	»	»	Indemnité au médecin inspecteur. . . . . [...]
ART. . — Subventions aux Sociétés de Secours mutuels. Décret du 13 décembre 1852)	»	»	»	EGAL. . . . 1.[...]
ART. . — Bureau d'assistance judiciaire. (*Décret du 2 mars 1859*).	»	»	»	
ART. 4. — Dépôt de mendicité, maison de refuge, de secours ou hospice départemental, établi à pour les				
Subvention du département pour contribuer aux dépenses ordinaires.	3.000 »	2.000 »	2.000 »	
ART. 5. — Secours aux colons indigents	10.000 »	10.000 »	10.000 »	
ART. 6. — { Entretien de sourds-muets dans les institutions spéciales. . . . . Entretien de jeunes aveugles	7.300 »	5.000 »	5.000 »	
ART. 7. — Subvention aux hôpitaux et aux ambulances pour vieillards infirmes.	75.000 »	75.000 »	75.000 »	
ART. 8. — Entretien de jeunes filles à l'établissement des sœurs du Bon-Pasteur.	5.250 »	4.000 »	4.000 »	
ART. . — Subvention pour l'établissement de fourneaux économiques.	»	»	»	
ART. 9. — Subvention à la Société centrale de Sauvetage . .	100 10	100 10	100 10	
ART. 10. — id id. de Sauvetage d'Oran . . .	100 10	500 10	500 10	
ART. 11. — Secours dans le cas d'extrême misère, d'accident ou de disette locale.	9.000 »	9.000 »	9.000 »	
ART. . — Colonie de Mettray	»	»	»	
ART. . — Secours aux prisonniers	»	»	»	
Articles non reproduits	1.265 »	»	»	
Total du sous-chapitre VII	124.551 70	123.901 70	123.901 70	

DÉSIGNATION DES DÉPENSES	SOMMES ALLOUÉES au budget de 1882 soit par le décret de règlement, soit par décisions modificatives	SOMMES VOTÉES par le Conseil général	RÈGLEMENT	
			SOMMES ALLOUÉES	OBSERVATIONS
SOUS-CHAPITRE VIII				
Cultes *Néant*				
SOUS-CHAPITRE IX				
Archives départementales				
ARTICLE PREMIER. — Appointements du conservateur des archives et des employés auxiliaires	2.403 »	2.903 »	2.903 »	2.000 fr. pour l'archiviste / 900 pour le garçon de bureau. / 3 p. timbres de quittances. / —— / 2.903 fr.
2. — Dépouillement extraordinaire des archives, achat de cartons et établissement de tablettes	150 »	150 »	150 »	
. — Acquisitions de documents intéressant les archives	»	»	»	
. — Publication de l'inventaire. (*Circulaire du 12 août 61*).	»	»	«	
. — Inspection des archives communales	»	»	»	
Total du sous-chapitre IX.	2.553 »	3.053 »	3.053 »	
SOUS-CHAPITRE X				
Encouragements aux lettres, aux sciences et aux arts				
ARTICLE PREMIER. — Achats et reliures d'ouvrages d'administration pour la préfecture et les sous-préfectures.	1.500 »	1.000 »	1.000 »	Préfecture. . . . . 500 f. / 4 Sous-préfectures à 100 fr. . . . . 400 / Bureau civil . . . . 100 / —— / ÉGAL. . . . 1.000 f.
2. — Encouragement : sur la carte du *Sud Oranais* publiée par Mac-Carthy . . . sur l'annuaire départemental . . . . sur la statistique du département. . . . . sur la carte topographique du département. . . . . sur la carte géologique		300 10	300 10	(1) Société de musique de; / Oran . . . . 400 f. / Tlemcen. . . . . 250 » / Mascara. . . . . 250 » / Mostaganem. . . . . 250 » / Relizane. . . . . 150 » / Témouchent. . . . . 150 » / Perrégaux. . . . . 150 » / Nemours . . . . 150 » / Saïda. . . . . 100 » / Taria. . . . . 50 » / Sourk-el-Milou . . . . 50 » / Palikao. . . . . 50 » / Lamoricière . . . . 100 » / Tiaret . . . . 150 » / Oran (indigène) . . . . 50 » / Inkermann . . . . 100 » / Sig. . . . . 150 » / Arzew. . . . . 150 » / —— / ÉGAL. . . . 2.700 »
3. — Encouragements aux sciences, aux lettres et aux arts : souscription à la *Revue Africaine* et à la *Gazette médicale* d'Alger . . . . 110 » / société de géographie . . . . 1.000 » / sociétés de musiques. . . . . 2.700 (1) » / école de dessin . . . . » / subvention à un élève peintre . . . . 800 » / id. à 2 élèves en médecine . . . . 1.900 (2) » / id. à un élève sculpteur . . . . » / id. à un élève musicien . . . . » / id. pour achat d'un prix d'encouragement à accorder à un élève de l'école de droit d'Alger. 200 » / timbres de quittances. . . . . 5 »	8.915 »	6.715 »	6.715 »	(2) École de médecine d'Alger (élève indigène). . . . . 1.300 » / Subvention à l'élève en médecine Llora.. . . 600 » / —— / ÉGAL. . . . 1.900 » / Reporté au sous-chapitre XV.
. — Conservation de monuments historiques.	»	»	»	
. — Souscription pour le monument à la mémoire	»	»	»	
4. — Subvention à la bibliothèque pédagogique.	3.000 10	1.500 10	»	
A reporter.	13.415 10	9.515 20	8.015 »	

DÉSIGNATION DES DÉPENSES	SOMMES ALLOUÉES au budget de 1882 soit par le décret de règlement, soit par décisions modificatives	SOMMES VOTÉES par le Conseil général	RÉGLEMENT — SOMMES ALLOUÉES	OBSERVATIONS
Report.	13.415 10	9.515 20	8.015 »	
Art. 5. — Entretien d'élèves aux écoles des arts et métiers de la métropole, de Dellys ou à l'école centrale des arts et manufactures	(1) 3.255 »	3.255 »	3.255 »	(1) Pour la métropole..... 1.000 f. — Pour Dellys.......... 2.250 » — Timbres de quittances. 5 » — ÉGAL..... 3.255 »
Art. . — École des mineurs d'Alais. (Ordonnance du 22 septembre 1843)	»	»	»	
Art. 6. — Part du département dans les dépenses de l'institut algérien.	20.000 50	20.000 50	20.000 50	
Art. 7. — Service des observations météorologiques.	2.800 10	1.300 10	1.300 10	
Art. 8. — Subvention à des élèves sages-femmes	1.505 »	(2) 2.005 »	2.005 »	(2) Mme Rosine Dejean...... 800 » — dont 200 fr. pour frais de voyage. — Mme veuve Boyer....... 600 » — Mlle Elisa Noguès....... 600 » — Timbres de quittances... 5 » — ÉGAL.... 2.005 »
Art. . — Cours d'accouchement et traitement du professeur.	»	»	»	
Art. 9. — Subventions aux théâtres : Oran . . . 1.500 » ; Mostaganem . . 500 » ; Tlemcen . . 500 » ; Mascara . . 500 » ; Bel-Abbès . 500 » ; Timbres de quittances . . 5 »	6.005 »	3.505 »	3.505 »	
Articles non reproduits				
Total du sous-chapitre X.	47.580 70	39.580 80	38.080 70	

SOUS-CHAPITRE XI

Encouragements à l'agriculture et à l'industrie

DÉSIGNATION DES DÉPENSES	SOMMES ALLOUÉES au budget de 1882	SOMMES VOTÉES par le Conseil général	RÉGLEMENT — SOMMES ALLOUÉES	OBSERVATIONS
Article premier. — Encouragements à l'agriculture : Chambre d'agriculture (*Décret du 21 avril 1853*). . . . . » ; Société d'agriculture. . . . . 50 » ; Chaire d'enseignement. . . . » ; Ferme modèle. . . . . . » ; Comices agricoles . . . (3) 5.002 » ; Achats de taureaux, béliers. . . . . » ; Culture de mûriers. . . . » ; Curage des cours d'eau. . . . » ; Recherches d'eau, drainage, irrigations, forrages de puits. . . . 25.000 » ; Reboisement des montagnes . . . 15.000 » ; Société d'horticulture. . . . »	90.052 »	45.052 »	45.052 »	(3) Comice agricole de — Oran........ 1.000 » — Mostaganem...... 500 » — Mascara...... 500 » — Bel-Abbès...... 500 » — Tlemcen...... 500 » — Relizane...... 500 » — Inkermann...... 500 » — Tiaret...... 500 » — Sig...... 500 » — Timbres de quittances... 2 » — ÉGAL..... 5.002 »
Art. 2. — Encouragements pour l'amélioration de la race chevaline : Courses de chevaux . . . (4) 7.502 » ; Élève des chevaux. . . . » ; Dépôt des remontes . . . . » ; École de dressage . . . . » ; École d'équitation . . . . »	13.002 »	7.502 »	7.502 »	(4) Société hippique de — Oran...... 2.000 » — Mostaganem...... 1.000 » — Mascara...... 500 » — Tlemcen...... 500 » — Bel-Abbès...... 500 » — Tiaret...... 500 » — Relizane...... 500 » — Nemours...... 500 » — Sig...... 500 » — Perrégaux...... 500 » — Ammi-Moussa...... 500 » — Timbres de quittances... 2 » — ÉGAL..... 7.502 »
Art. 3. — Traitement du vétérinaire départemental et indemnités aux vétérinaires de circonscriptions	4.711 50	(5) 4.711 50	4.711 50	(5) Ce crédit comprend 1.500 fr. pour le vétérinaire départemental, et 400 fr. pour chacun des vétérinaires des circonscriptions de Mostaganem, Relizane, Mascara, Tlemcen, Tiaret, Bel-Abbès, Saint-Denis-du-Sig et Arzew.
Art. 4. — Entretien d'élèves aux écoles vétérinaires d'Alfort, de Lyon ou de Toulouse	800 50	800 50	800 50	
A reporter.	108.566 »	58.066 »	58.066 »	

DÉSIGNATION DES DÉPENSES	SOMMES ALLOUÉES en budget de 1882 soit par le décret de règlement, soit par décisions modificatives	SOMMES VOTÉES par le Conseil général	RÉGLEMENT	
			SOMME ALLOUÉE	OBSERVATIONS
Report. . . .	108.566 »	58.066 »	58.066 »	
ART. 5. — Mesures contre les épizooties	2.000 »	2.000 »	2.000 »	
ART. 6. — Primes pour la destruction des animaux nuisibles. .	800 »	800 »	800 »	
ART. 7. — Dépenses des concours régionaux.	»	10.000 »	10.000 »	Pour le concours régional qui doit avoir lieu à Bel-Abbès en 1883.
ART. 8. — Bourses à l'école d'agriculture de Montpellier. . . .	2.002 »	(1) 2.002 »	2.002 »	
ART. 9. — Frais de tournées du professeur d'agriculture. . . .	2.002 »	(1) 2.002 »	2.002 »	
ART. . — Encouragements à l'industrie.	»	»	»	
ART. 10. — Location de terrains destinés au champ d'expériences de la chaire d'agriculture.	30 »	30 »	30 »	(1) Y compris les timbres de quittances.
Articles non reproduits	10.000 »	»	»	
Total du sous-chapitre XI.	125.400 »	74.900 »	74.900 »	

SOUS-CHAPITRE XII

Subventions aux communes

ART. 1. — Subvention pour les écoles arabes-françaises. . . .	21.800 »	21.800 »	21.800 »	Dont 1,500 fr. pour le territoire militaire et 300 fr. pour Saint-Lou.
ART. 2. — Idem pour les écoles secondaires de médecine et de pharmacie.	3.757 »	»	»	
ART. . — Idem pour acquisitions, travaux et réparations d'églises, de mairies ou autres édifices communaux, autres que les écoles primaires	»	»	»	
ART. 3. — Télégraphes communaux, subventions aux communes.	6.000 »	4.000 »	4.000 »	(1) Oran. . . . . 8.000 » Mostaganem. . . . . 4.000 » Tlemcen. . . . . 4.000 » ————— EGAL... 16.000 »
ART. 4. — Subventions aux communes pour l'entretien de leur collège	23.000 »	(1) 16.000 »	16.000 »	
Articles non reproduits.	15.000 »	»	»	
Total du sous-chapitre XII. . . .	69.551 »	41.800 »	41.800 »	

SOUS-CHAPITRE XIII

Dépenses diverses

ARTICLE PREMIER. — Frais de perception des revenus départementaux.	3.600 »	3.600 »	3.600 »	
ART. . — Part contributive du département dans la dépense des travaux exécutés par l'Etat et qui intéressent le département	»	»	»	
ART. 2. — Loyers des prisons et des dépôts de sûreté : Tour n° 27 à Mostaganem. . . . . 4 » Prison civile d'Aïn-Témouchent. . . . . 751 »	1.005 » »	755 » »	755 » »	Y compris 1 fr. pour timbres de quittances.
A reporter.	4.605 »	4.355 »	4.355 »	

DÉSIGNATION DES DÉPENSES	SOMMES ALLOUÉES au budget de 1882 soit par le décret de règlement, soit par décisions modificatives	SOMMES VOTÉES par le Conseil général	RÈGLEMENT SOMMES ALLOUÉES	OBSERVATIONS
Report. . . .	4.605 »	4.355 »	4.355 »	
Art. . — Portion à la charge du département dans les frais de confection des tables décennales de l'état civil. *(Décret du 20 juillet 1807).*	»	»	»	
Art. . — Reliure des actes de l'état civil déposés aux greffes des tribunaux.	»	»	»	
Art. 3. — Dépenses du Conseil de salubrité.	200 »	200 »	200 »	
Art. 4. — Mesures contre les épidémies.	300 »	300 »	300 »	
Art. . — Indemnité au conservateur du mobilier départemental	»	5.000 »	5.000 »	
Art. 5. — Remboursements, restitutions et non-valeurs . . .	15.000 »	»	»	
Art. . — Avances pour travaux d'intérêt public à la charge des particuliers	»	»	»	
Art. 6. — Dépenses d'administration des populations musulmanes et frais de mission	14.700 »	14.700 »	14.700 »	
Art. 7. — Impressions : Frais d'impression du procès-verbal des délibérations du Conseil général, des rapports de la Commission départementale et du Préfet. . . . . 8.150 50 — Frais d'impression des budgets et des comptes départementaux. . . . . . 1.500 » — Frais d'impression du procès-verbal des délibérations des Conseils d'arrondissement et des rapports des Sous-Préfets — Frais d'impression des cartes d'électeurs. — Impressions diverses, travaux d'intérêt départemental, etc. (2). . . . . 2.000 »	14.650 50	11.650 50	11.650 50	(1) Y compris 150 fr. 50 pour Recueil des vœux du Conseil général. (2) Frais d'impression de part du Recueil des actes de la préfecture et dépenses diverses d'impressions.
Art. 8. — Location du logement du secrétaire général de la préfecture.	2.001 50	2.001 50	2.001 50	
Art. 9. — Secours à d'anciens employés ou à leur famille, savoir : Veuve Valleix. . . . . 200 » — Maurel. . . . . 200 » — Laglaine . . . . 200 » — Evesque . . . . 200 » — Cauvin. . . . . 200 » — Sautrot. . . . . 200 » — Gigay . . . . 200 » MM. Sivilia . . . . 50 » Villeneuve. . . . . 200 » Armand . . . . 200 » Hamille. . . . . 200 » Nourrisson . . . . 100 » Mme Nourrisson . . . . 100 » Timbre . . . . 1 »	2.001 »	2.251 »	2.251 »	
Art. 10. — Société protectrice des animaux. , ...	100 10	100 10	100 10	
Art. 11. — Indemnités aux employés de la préfecture pour travaux supplémentaires à l'occasion de la tenue des sessions du Conseil général et de la Commission départementale. . .	3.000 »	3.003 »	3.003 »	
Art. 12. — Gratifications pour belles actions	800 »	800 »	800 »	
Art. 13. — Service des emprunts départementaux, savoir : Délibérations des 10 avril 1880 et 6 mai 1881 { Intérêt de l'emprunt . . Remboursement. . . . 194.911.65. Timbre, enregistrement Droits et taxes. . . . . Loi du 13 { Intérêt de l'emprunt . . Remboursement. . . . Timbre, enregistrement Droits et taxes. . . . . »	155.411 65	174.911 65 (3)	174.911 65	(3) Emprunt de 845.000 fr. contractée en 1880. . . . . 76.000 Emprunt de 655,000 f. de 1881. . . . . 58.911 Emprunt de 3,000,000 fr. pour les chemins vicinaux. (prévision pour l'amortissement des 2 premières annuités de 500,000 fr.). . . . . 40.000 ———— ÉGAL. . . . 174.911
A reporter.	212.768 25	219.272 75	189.272 75	

DÉSIGNATION DES DÉPENSES	SOMMES ALLOUÉES au budget de 1882 soit par le décret de règlement, soit par décisions modificatives	SOMMES VOTÉES par le Conseil général	RÈGLEMENT	
			SOMMES ALLOUÉES	OBSERVATIONS
Report	212.768 25	219.272 75	219.272 75	
T. 14. — Renouvellement et entretien du mobilier de l'hôtel de la division	2.400 »	4.000 »	4.000 »	
T. 15. — Dépenses de la Commission départementale. . . .	1.200 »	1.000 »	1.000 »	
T. 16. — Frais du tenue du Conseil général	2.800 »	2.800 »	2.800 »	
T. 17. — Traitement de l'employé du Conseil général. . . .	3.501 50	3.501 50	3.501 50	
T. 18. — Habillement des huissiers et garçons de bureau du Conseil général de la Préfecture et des Sous-Préfectures (1 à 150 fr.).	1 652 »	1 652 »	1.652 »	Timbres de quittances compris.
T. 19. — Missions et enquêtes intéressant les services provinciaux et les Communes.	2.500 »	2.500 »	2.500 »	
T. 20. — Bibliothèque des tribunaux et justices de paix : Tribunal civil d'Oran . . . . 300 » Id. de Mostaganem . . . . . . 250 » Id. de Tlemcen. . . . . 250 » Id. de Mascara. . . . . 250 » Id. de Bel-Abbès . . . . 250 » Id. Commerce . . . . 150 » Justice de Daya et de Sebdou. . . . . . . 100 » Timbres . . . . 4 » EGAL. . . . . . . 1.554 »	3.004 »	1.554 »	1.554 »	
T. 21. — Frais de passage des employés départementaux. .	1.000 »	1.000 »	1.000 »	
T. 22. — Prévisions de dépenses pour création ou augmentation de postes de gendarmerie	10.000 »	10.000 »	10.000 »	
T. 23 — Dépenses des diverses commissions qui se réunissent à la Préfecture	300 »	300 »	300 »	
T. 24. — Indemnité au secrétaire du Conseil de révision. . .	200 10	200 10	200 10	
T. 25. — Subvention à la Société la Jeunesse d'Oran. . . .	600 10	300 10	300 10	
T. 26. — Frais pour le service de la voiture cellulaire. . . .	8.000 »	6.002 »	6.002 »	Y compris les timbres de quittances.
T. 27. — Achat d'ouvrages arabes à offrir aux employés de la Préfecture qui suivent le cours de cette langue.	150 50	150 50	150 50	Id.
T. 28. — Subvention à la caisse de prévoyance des employés de l'administration départementale.	1.500 »	1.500 10	1.500 10	Id. Somme à inscrire annuellement suivant décision du Conseil général, en date du 18 octobre 1878.
T. 29. — Subvention à la Société de tir d'Oran . . . . 375 » de Mostaganem . . . . 250 » de Tlemcen. . . . . 250 » de Bel-Abbès . . . . 250 » Timbres de quittances . . . . » 40	2.250 »	1.125 40	1.125 40	
T. 30. — Subvention à la Société Française d'Alsace-Loraine	»	500 10	500 10	
T. 31. — Réserve pour dépenses diverses et imprévues. (Décret du 23 septembre 1875).	157.029 48	16.645 28	16.645 28	
Articles non reproduits	1.000 »	»	»	
Total du Sous-Chapitre XIII.	411.856 03	274.003 83	274.003 83	

SOUS-CHAPITRE XIV

Dettes départementales
AFFÉRENTES A DES DÉPENSES NON OBLIGATOIRES

Total du Sous-Chapitre XIV. . . . . .

DÉSIGNATION DES DÉPENSES	SOMMES ALLOUÉES au budget de 1882 soit par le décret de règlement, soit par décisions modificatives	SOMMES VOTÉES par le Conseil général	RÈGLEMENT — SOMMES ALLOUÉES	OBSERVATIONS
SOUS-CHAPITRE XV				
Instruction publique				
§ 1ᵉʳ MINISTÈRE DE L'INTÉRIEUR				
ARTICLE PREMIER. — Frais de bureau de l'inspecteur d'académie.	»	800 50	800 50	
ART. 2. — Indemnité de logement au commis de l'inspecteur.	501 50	601 50	601 50	
ART. 3. — Entretien de bourses dans les collèges du département	14.905 »	12.000 »	12.000 »	
ART. — Entretien d'élèves à l'école normale de Cluny. / Subvention à la même école	»	»	»	
ART. 4. — Frais de publication du bulletin de l'instruction publique	1.001 »	1.001 »	1.001 »	
ART. 5. — Subvention à la Médersa de Tlemcen.	6.000 »	6.000 »	6.000 »	
ART. 6. — Indemnité aux inspecteurs primaires,	3.010 »	2.410 »	2.410 »	
ART. 7. — Subvention à l'école normale d'Alger pour lui permettre d'équilibrer son budget.	8.102 »	2.000 10	2.000 10	
ART. 8. — Subvention au collège arabe-français (Lycée d'Alger et collèges départementaux en ce qui concerne les indigènes).	17.805 »	17.605 »	17.605 »	id. 5 fr.
ART. 9. — Subvention à l'école normale de Milianah.	4.200 50	»	»	Y compris 0 fr. 50 de quitta[nce]
ART. 10. — Encouragements aux classes d'adultes	3.002 »	3.002 »	3.002 »	id. 2 fr. id
ART. 11. — Subvention aux professeurs du collège d'Oran pour les cours aux jeunes filles.	2.402 »	2.402 »	2.402 »	id. 2 fr. id
ART. 12. — Indemnité aux membres des commissions d'examen.	502 »	502 »	502 »	id. 2 fr. id
ART. 13. — Frais de transport d'Oran à destination de cartes et de globes accordés aux écoles par le ministre de l'Instruction publique.	500 »	200 »	200 »	
ART. 14. — 1° Bourse accordée au fils aîné de Madame Vᵉ Hostain au lycée d'Alger jusqu'à la fin des études. . . . 801 » / 2° Complément de bourse au même Lycée, en faveur du jeune Haffner. . . . 401 »	1.202 »	1.202 »	1.202 «	Y compris 2 fr. pour timbre[s] quittance.
ART. 15. — Cours d'arabe de la Préfecture.	452 »	452 »	452 »	Indemnité au professeur.. 40[0] / Matériel. .... 5[0] / Timbres de quittances.... [?] / ——— / EGAL.... 45[?]
ART. 16. — Caisse des écoles. — Cotisation du Conseil général.	12 10	12 10	12 10	
ART. 17. — Traitement d'une inspectrice des salles d'asile.	1.001 50	3.501 50	(1) 3.501 50	(1) Traitement 3,000 fr. et frais [de] tournées 500 fr.
ART. 18. — Subvention à la ligue de l'enseignement.	100 10	100 10	100 10	
ART. 19. — Pour les conférences pédagogiques.	1.510 »	1.510 »	(2) 1.510 »	(2) Indemnités............. 1.50[0] / Timbres............. 1[0] / ——— / EGAL.... 1.51[0]
ART. 20. — Traitement d'un inspecteur primaire.	4.701 50	»	»	
ART. 21. — Part du département dans les frais de traitement des instituteurs suppléants.	3.005 »	3.005 »	3.005 »	
ART. 22. — Subvention à Madame Delagrange pour l'entretien de son fils au lycée d'Alger.	801 »	801 »	801 »	
ART. 23. — Subvention à l'élève Gaujacq pour son entretien au collège de Tlemcen.	601 »	601 »	601 »	
ART. 24. — Subvention à l'élève Tirlot pour son entretien au collège d'Oran.	451 »	601 »	601 »	
ART. 25. — Subvention aux élèves du département, boursiers aux écoles normales d'Alger et de Milianah, à raison de 100 fr. par élève.	»	1.702 »	1.702 »	
ART. 26. — Subvention à M. Lavenas pour l'entretien de son fils au lycée d'Alger.	»	801 »	801 »	
ART. 27. — Subvention à M. Broc pour l'entretien de son fils au collège de Brest.	»	801 »	801 »	
ART. 28. — Subvention à M. Mercier pour l'entretien de son fils dans un collège du département.	»	601 »	601 »	
ART. 29. — Subvention à la bibliothèque pédagogique.	»	»	1.500 10	
Articles non reproduits.	30 »	»	»	
Total du Sous-Chapitre XV . . .	75.798 20	64.214 80	65.714 90	

DÉSIGNATION DES DÉPENSES	SOMMES ALLOUÉES au budget de 1882 soit par le décret de règlement, soit par décisions modificatives	SOMMES VOTÉES par le Conseil général	RÈGLEMENT	
			SOMMES ALLOUÉES	OBSERVATIONS

SOUS-CHAPITRE XVI

Cadastre

. — Dépenses à imputer sur les ressources ordinaires du …get . . . .

§ 2 — MINISTÈRE DES FINANCES

. — Dépenses à imputer sur le produit de l'imposition …orisée par la loi du 2 août 1829 . . . .

CRÉDIT à ordonnancer par le Ministre des finances. . .

REPORT du paragraphe 1er . . . .

Total du Sous-Chapitre XVI. . . . . . .

RÉCAPITULATION (Dépenses)

	SOMMES ALLOUÉES au budget de 1882	SOMMES VOTÉES	RÈGLEMENT SOMMES ALLOUÉES
Chapitre 1. Dépenses obligatoires.	142.371 »	170.405 »	170.405 »
Id. 2. Propriétés départementales immobilières. . .	29.233 07	73.745 57	73.745 57
Id. 3. Routes départementales	50.000 »	54.500 »	54.500 »
Id. 4. Chemins vicinaux, chemins de fer d'intérêt local.	747.233 80	857.704 80	857.704 80
Id. 5. Enfants assistés.	70.004 50	78.254 50	78.254 50
Id. 6. Aliénés.	47.625 »	50.000 »	50.000 »
Id. 7. Assistance publique.	124.551 70	123.901 70	123.901 70
Id. 8. Cultes . . . . ·	»	»	»
Id. 9. Archives départementales ·	2.553 »	3.053 »	3.053 »
Id. 10. Encouragements aux lettres, aux sciences et aux arts	47.580 70	39.580 80	38.080 70
Id. 11. Encouragemet à l'agriculture et à l'industrie.	125.400 »	74.900 »	74.900 »
Id. 12. Subventions aux communes.	69.551 »	41.800 »	41.800 »
Id. 13. Dépenses diverses.	411.856 03	274.003 83	274.003 83
Id. 14. Dettes départementales . . . . : . . .	»	»	»
Id. 15. Instruction publique	75.798 20	64.214 80	65.714 90
Id. 16. Cadastre.	»	»	»
…uses non reproduites en 1883	»	»	»
Total des dépenses ordinaires. . .	1.943.758 00	1.906 064 00	1.906.064 00

RECETTES DÉPARTEMENTALES
EXTRAORDINAIRES

DÉSIGNATION DES RECETTES	SOMMES ALLOUÉES au budget de 1882 soit par le décret de règlement, soit par décisions modificatives	SOMMES VOTÉES par le Conseil général	RÈGLEMENT	
			SOMMES ALLOUÉES	OBSERVATIONS
RECETTES DE 1883				
ARTICLE PREMIER. — Impositions extraordinaires perçues en vertu de lois spéciales				
ART. 2. — Emprunts réalisables en exécution du décret du 23 septembre 1875.				
Emprunts à réaliser en vertu des lois spéciales.				
ART. 3. — Produits éventuels du budget extraordinaire. *(Décret du 23 septembre 1875 art. 59).*				
1° Produit des biens aliénés :				
Cessions de terrains ou de bâtiments. »				
Vente de matériaux, ... »				
Vente de mobiliers hors de service. »				
Vente de vieux papiers. . . . . . . »				
2° Dons et legs . . . . »				
3° Remboursement de capitaux exigibles et de rentes rachetées. . .	900 »	1.500 »	1.500 »	
Reversement pour trop payé sur les ressources extraordinaires. . . . »				
Recettes accidentelles . . . . 1.500 » 1.500				
Recettes non reproduites.				
Total général des recettes extraordinaires. . . .	900 »	1.500 »	1 500 »	

DÉPENSES DÉPARTEMENTALES EXTRAORDINAIRES

DÉSIGNATION DES DÉPENSES	SOMMES ALLOUÉES au budget de 1882 soit par le décret de règlement, soit par décisions modificatives	SOMMES VOTÉES par le Conseil général	RÈGLEMENT	
			SOMMES ALLOUÉES	OBSERVATIONS
SOUS-CHAPITRE XVII				
Dépenses imputables sur impositions extraordinaires				
§ 1er				
Emploi de l'imposition extraordinaire autorisée par la loi spéciale du				
ART.				
Total du § 1er				
§				
Emploi de l'imposition extraordinaire autorisée par la loi spéciale du				
ART.				
Total du §				
§				
Service des emprunts départementaux				
ART. . Délibération du 18 Intérêts de l'emprunt . . / Remboursement. / Timbre, enregistrement. / Droits et taxes				
ART. . Délibération du 18 Intérêts de l'emprunt . . / Remboursement. . . . . / Timbre, enregistrement. / Droits et taxes				
ART. . Délibération du du Intérêts de l'emprunt . . / Remboursement. . . . . / Timbre, enregistrement. / Droits et taxes				
ART. . Loi du 18 Intérêts de l'emprunt . . / Remboursement. . . . / Timbre, enregistrement. / Droits et taxes				
ART. . Loi du 18 Intérêts de l'emprunt . . / Remboursement. . . . . . / Timbre, enregistrement. / Droits et taxes				
Total du §				

DÉSIGNATION DES DÉPENSES	SOMMES ALLOUÉES au budget de 1882 soit par le décret de règlement, soit par décisions modificatives	SOMMES VOTÉES par le Conseil général	RÈGLEMENT	
			SOMMES ALLOUÉES	OBSERVATIONS
RÉCAPITULATION: § 1ᵉʳ. Loi du 10 août 1871				
— § Loi du				
— § Loi du				
— § Loi du				
— § Loi du				
— § Loi du				
— § Loi du				
Total du sous-chapitre XVII.				

SOUS-CHAPITRE XVIII

Dépenses imputables sur fonds d'emprunts

§ 1ᵉʳ

Loi ou délibération du   .)
emprunt départemental de   fr. contracté pour

Situation de cet emprunt

Le montant de l'emprunt autorisé est de . . . .
1° Il a été ordonnancé sur les exercices antérieurs à 18. . . . .)
2° Il a été porté en crédit au budget départemental de 18 . . . .)

Le département peut donc encore disposer de. . . .

On propose d'affecter aux besoins de l'exercice une somme de . . . .

Emploi détaillé de la portion d'emprunt pour 18

ARTICLE PREMIER. — (Même détail qu'au sous-chapitre XVII.)

Total du § 1ᵉʳ. . . . . . .

SOUS-CHAPITRE XIX

Dépenses imputables sur les produits éventuels extraordinaires

ARTICLE PREMIER. — Frais de perception. . . . .
ART. . — Frais de vente et d'enregistrement relatifs à la cession de propriétés immobilières. . . . .
ART. 2. — Frais de ventes immobilières :
  Matériaux . . . .
  Mobilier hors de service. . . . .
  Vieux papiers. . . . .
ART. . — Frais d'enregistrement relatifs aux dons ou legs faits au département. . . . .

Total du sous-chapitre XIX. . . . . .

DÉSIGNATION DES DÉPENSES	SOMMES ALLOUÉES au budget de 1882 soit par le décret de règlement, soit par décisions modificatives	SOMMES VOTÉES par le Conseil général	RÈGLEMENT	
			SOMMES ALLOUÉES	OBSERVATIONS
RÉCAPITULATION				
Sous-Chapitre 17. Centimes extraordinaires.				
id. 18. Emprunts départementaux				
id. 19. Produits éventuels extraordinaires				
Total des dépenses extraordinaires.				

RÉCAPITULATION DES DEUX BUDGETS

RECETTES

	SOMMES allouées au budget de 1882	SOMMES votées	RÈGLEMENT SOMMES allouées
Recettes ordinaires.	1.943.758 »	1.906.064 »	1.906.064 »
Recettes extraordinaires	900 »	1.500 »	1.500 »
TOTAL GÉNÉRAL des recettes.	1.944.658 «	1.907.564 »	1.907.564 »

DÉPENSES

Dépenses ordinaires.	1.943.758 »	1.906.064 »	1.906.064 »
Dépenses extraordinaires.	»	»	»
TOTAL GÉNÉRAL des dépenses	1.943.758 »	1.906.064 »	1.906.064 »
BALANCE . . . { TOTAL des recettes	1.944.658 »	1.907.564 »	1.907.564 »
{ TOTAL des dépenses.	1.943.758 »	1.906.064 »	1.906.064 »
EXCÉDANT des recettes	900 »	1.500 »	1.500 »

Dressé par le Préfet d'Oran.

A Oran, le 1ᵉʳ septembre 1882,

LE PRÉFET,

LAUGIER-MATHIEU.

Délibéré par le Conseil général du département.

A Oran, le 26 octobre 1882.

Signé : TUROT (Président). — LOUSTEAU. — BAQUET. — VINCIGUERRA. — FOUQUE (Laurent). — DUBREUIL. — VAGNC
— ASTIER. — ROUIRE. — SUZZARINI. — TOMMASINI. — PRIOU. — BÉZI. — KANOUI (Simon). — FAUQUEUX,
AUTUN. — MATHIEU. — SOIPTEUR. — JAMELIN. — ROUBIÈRE. — MOHOMED-BEN-DAOUD. — HADJ-HASSEN.
BEN-ABDALLAH-OULD-SIDI-EL-ARIBI. — HANIFI-BEN-ABD-ALLAH.

Vu pour être annexé au décret du 9 juillet 1883

POUR LE MINISTRE DE L'INTÉRIEUR ET POUR LE SOU
SECRÉTAIRE D'ÉTAT

POUR COPIE CONFORME :

Le Chef du 2ᵉ Bureau,

SAMBET.

POUR AMPLIATION

Le Directeur du Secrétariat et de La Comptabilité,

H. ROUSSEAU.

Le Chef du Service de l'Algérie,

Signé : DELABARRE.

Le Président de la République Française,

Sur le rapport du Ministre de l'Intérieur ;
Vu le décret du 23 septembre 1875, sur l'organisation des Conseils généraux de l'Algérie ;
Vu le décret du 26 août 1881, sur l'organisation administrative de l'Algérie ;
Vu le projet du budget des recettes et des dépenses du département d'Oran pour l'exercice 1883 ;
Vu les délibérations prises par le Conseil général dans ses sessions d'octobre 1882 et d'avril 1883 ;
Vu les propositions du Gouverneur général de l'Algérie ;

DÉCRÈTE :

ARTICLE PREMIER. — Le budget des recettes et des dépenses du département d'Oran, pour l'exercice 1883, est définitivement arrêté d'après les délibérations du Conseil général, conformément au projet ci-annéxé :

EN RECETTES :

A la somme de un million neuf cent sept mille cinq cent soixante-quatre francs (1,907,564 fr.)

EN DÉPENSES :

A la somme de un million neuf cent six mille soixante-quatre francs (1,906,064 fr.) savoir :

BUDGET ORDINAIRE :

RECETTES.	1.906.064 fr.	»
DÉPENSES	1.906.064	»

BUDGET EXTRAORDINAIRE :

RECETTES.	1.500	»
DÉPENSES		»

RÉCAPITULATION :

TOTAL DES RECETTES.	1.907.564	»
ID. DÉPENSES, ...	1.906.064	»
EXCÉDANT DÉ RECETTES.	1.500	»

ARTICLE 2. — Le Ministre de l'Intérieur est chargé de l'exécution du présent décret.

Fait à Paris, le 9 juillet 1883.

POUR COPIE CONFORME :

Le Chef du 2ᵉ bureau,

SAMBET.

Signé : JULES GREVY.

Par le Président de la République :

Le Ministre de l'Intérieur,

Signé : WALDECK – ROUSSEAU.